JN438287

諷詩調詩集 · 46

풍諷계戒집集 · 13

박진환 제64시집

지성 · 감성의 메타언어
조선문학시인선 · 382

諷詩調詩集 · 46

풍諷계戒집集 · 13

조선문학사

■ 책머리에

풍시조(諷詩調)는 악에 감행하는 복수의 미학이다.

2014년 初夏

박 진 환

박진환 제64시집 / 諷詩調詩集 · 46

풍諷계戒집集 · 13

차례

책머리에 / 5

규제하려 들다니 / 11
정신 차려야 / 12
편견일 수 있어서 / 13
그런 신통한 생각을 하다니 / 14
안 될 텐데 / 15
핵 아니던가 / 16
없는 힘도 생기는 걸 / 17
남녘엔 없어서 / 18
돌개바람뿐이어서 / 19
금 거래소 / 20
도깨비방망이 어뮤징 / 21
생명으로 아니 / 22
제대로 아는지 / 23
낫다는 거 / 24
올리고 내려서 / 25
심장에 다이아라도 박혔나? / 26
막대기가 되는 걸 / 27
구화투신 못 면하면 / 28
고고, 스톱을 완급으로 아는 모양 / 29

신중 주문 / 30
사과로는 안 될 듯 / 31
임금님이지 / 32
흐르던 물길도 막혀서 / 33
돈 없으면 안 되거든 / 34
요상해 / 35
치졸 / 36
문명병 환자 / 37
돈으로는 못 막아서 / 38
독도는 한국땅이무니다 / 39
못 보는 모양인데 / 40
어디 그리 흔턴가 / 41
영원히 사는 길이 아닐까 / 42
두 정상의 대면 / 43
한국대학 / 44
휴지된지 오래여서 / 45
!!! ???이구나 / 46
피 흘리기 마련 아니던가 / 47
수직으로 운용되거든 / 48
새당 말 들을 텐데 / 49
공감만은 못해서 / 50
한마디 / 51
개가 듣고도 웃지 / 52
답답한 가슴 / 53
코웃음 칠밖에 / 54
구밀복검과 같아서 / 55
익사 못 면하는 것을 / 56
당할 자 있을까 / 57
수격밖엔 몰라서 / 58

뚜껑 덮는 달팽이 / 59
따놓은 당상이었는데 / 60
있었겠나 / 61
아직 앓고 있어서 / 62
이미 오래거늘 / 63
탄환보다 강하다던데 / 64
국회도 매한가진 걸 / 65
즐기며 사는 것을 / 66
부앙무괴 정신은 살렸으면 / 67
불은 불로 망해서 / 68
길마저 막혀서 / 69
될 수도 있어서 / 70
아니던가 / 71
70% / 72
속마음 달리하고 / 73
정답이거든 / 74
진지나 안 될지? / 75
철이 없어서 / 76
침묵정치 / 77
비판도 높아서 / 78
아닌지 / 79
접으셔 / 80
듣게 되겠네 / 81
평등 외치는 법 / 82
이상 이상이 못 돼서 / 83
이루어지는 법이어서 / 84
낫지 / 85
뒤바뀐 모양이다 / 86
어이하리 / 87

북 무인 항공기 / 88
시불급설이란 말 떠올라서 / 89
에이 재판장님 / 90
솔구이발 해서야 / 91
미리 준비해야 할 듯 / 92
일치해 / 93
잘했다는 아닐듯 / 94
수무촌철만은 아닐듯 / 95
품격이 아름다우면 그런가 / 96
명언은 명언이지 / 97
상극이지 / 98
일침 / 99
요술・사기술 / 100
부정한 돈이었을 거라는 거 / 101
부재가 소의거니 / 102
신선(新選)으로 이어질라 / 103
똥값한 셈이다 / 104
홍제천에서 / 105
전매특허품이었거든 / 106
훈도시적 버릇 / 107
진행형이어서 / 108
다행이네 / 109
갈등 아닌 화합인 것을 / 110

규제하려 들다니

규제완화와 달리 의원 입법은 규제하겠다는 발상 두고
국회입법권 침해는 반헌법적 발상이라고 비난의 소리 높아
거부권행사도 귀찮아설까? 아예 입법부터 규제하려 들다니

정신 차려야

피의자 진술을 거짓으로만 들어와서 그럴까?
거짓말에 중독돼 거짓말을 해놓고도 깨닫지 못하는 걸까?
피의자에 친 호통, 이젠 검찰 자신에게 쳐 정신 차려야

편견일 수 있어서

시대와 혁신에 안 맞는 편견으로 청년 일자리를 막는 건 죄악
학교주변에 관광호텔을 세워도 좋다는 대통령의 말도
국가의 운명은 청년의 교육에 달려있다는 말도 편견일 수 있어서

그런 신통한 생각을 하다니

북녘 단거리로켓 통산 88발 동해에 발사

왜 88발일까? 88 날아라? 아니면 88 뉘어 ∞∞ 무한대로 날아라

그런 신통한 생각을 하다니, 머리가 좋은 건지, 신통치 않은 건지

안 될 텐데

김치, 기네스북에 오를 정도로 세계에서 맛 짱인 식품인데 정작
종주국 한국 젊은이들 입에 갖다 대기 꺼린다고? 그도 그럴 것이
서구 입맛에 길들어진지 오래거든, 생각까지 물들어선 안 될 텐데

핵 아니던가

북녘 GDP 대비 군비지출 세계 제1위국
강대국 상대하려면 군비강화밖에 더 있나
무릎 꿇기 싫으면 배짱으로 맞서야지, 배짱이란게 핵 아니던가

없는 힘도 생기는 걸

일, 아베 집단 자위권에 보인 의욕, 군국주의 속셈이거든
허긴 미국 훈수로 얻은 자위권을 팽개칠 이유가 없지
어찌 일뿐이겠나, G2 등에 업으면 없는 힘도 생기는 걸

남녘엔 없어서

북 발사 단거리 로켓 88발이 뜻하는 것은?
자랑이냐? 세 과시냐? 분풀이냐? 협박이냐?
???? 네 의문부 한방에 날려버릴 로켓 남녘엔 없어서

돌개바람뿐이어서

날씨는 완연한 봄, 꽃 피고 새 우는데
정치 계절엔 선거열풍에 열풍 뒤의 한풍 겹치기의 온냉지대
대지는 봄인데 지대엔 열풍·한풍 돌개바람뿐이어서

금 거래소

귀에 선 금 거래소란 게 문을 열었다던데

열면 뭘해, 금이 있어야 사든지 팔든지 하지

팔 일도 살 일도 없으니, 있어도 그만 없어도 그만인 금 거래소

도깨비방망이 어뷰징

언론의 생명을 좀먹는 암 어뷰징
규제를 암이라더니 규제밖의 암이 어뷰징인 것을
진실도 허위로 둔갑시키는 목탁 아닌 도깨비방망이 어뷰징

생명으로 아니

미 뉴욕타임지, 161년만의 오보 정정보도
진실에 의한, 진실을 위한, 진실만이 생명인 진실한 미 정론
한국 언론, 규감 삼아볼만한데 어쩐다 어뷰징을 생명으로 아니

제대로 아는지

모 TV 앵커, 옷가방을 폭발물가방으로 목청껏 떠들어 놓고
여전히 목소리 높여, 높이면 낮출 줄도 알아야하는 건데
하나만 알고 둘은 모르니 저널리즘 윤리나 제대로 아는지

낫다는 거

새정치, 새정치 해쌋던데

새정치에 대한 아는 거 뭐좀 있소?

있죠, 헌정치보다야 낫다는 거

올리고 내려서

대주그룹 허회장 1일 노역 5억 원, 일반인의 1만 배에
삼성 이회장의 1억1천만 원보다도 몇 배
그 양반 몸값이 그리 비싸던가? 허긴 법으로 몸값도 올리고 내려서

심장에 다이아라도 박혔나?

CNK 다이아몬드 사기사건, 당사자 왈 "광산 지키는데 최선 다했다"

다이아몬드에 환장하면 그리 뻔뻔해지는 걸까? 매장량도 없는 사기광산 지키는데 최선을 다했다니, 심장에 다이아라도 박혔나?

막대기가 되는 걸

채동욱 혼외자 의혹, 사전조사 전무라던 청와대 발표완 달리
총무비서관실, 민정·고용복지·교육문화 수석실 주도로 드러나
드러나면 뭘하나, 강자 앞에선 검 아닌 막대기가 되는 걸

구화투신 못 면하면

녹색 풍력발전 설치 위해 산림훼손 우려 제기
백두대간 바람 빌어 원자 핵방사 대체하면 그 아니 좋으련만
그러다 구화투신 못 면하면 산림, 돈 둘 다 잃어서

※ 구화투신(救火投薪) : 급한 김에 불을 끈다고 장작을 던진다는 뜻이니 근본을 다스리지 않고 성급히 행동하다 도리어 해를 자초함에 비유한 말.

고고, 스톱을 완급으로 아는 모양

모든 일엔 조정역을 하는 완급 있어 편향지양
그래선가 채군 정보유출 혐의 검찰수사 청와대 앞에서 스톱
채군모친 변호사법위반 혐의는 고고, 고고 스톱을 완급으로 아는 모양

신중 주문

박대통령 핵안보회의 기조연설, 근거 없는 핵 과장이란 비판
영변 핵폭발하면 체르노빌보다 더 큰 재앙 발언 두고
북핵 위협 강조하려다 되레 실언 핵 터뜨린 셈이라며 신중 주문

사과로는 안 될 듯

맹모삼천은 맹자 때 교육덕목, 허나 현대엔 범법자 신세
위장전입, 현행 주민등록법상 3년 이하 징역이나 천만원이하 벌금형
안행부장관 후보 한 번 아닌 두 번의 위장전입, 사과로는 안 될 듯

임금님이지

한때 재벌그룹 총수를 돈대통령이라고 칭한 적 있었지
허사 아니었어, 임금이 임금님 연봉 저리가라
임금님보다 더 많이 받은 임금이면 돈대통령 임금님이지

흐르던 물길도 막혀서

임진강도 4대강식 대형 준설한다던데 국제 밀월로 임질강 된지 오래
준설로 물꼬 트여 분단 매독 씻어내고 묶인 3·8 붕대 풀린다면
그 아니좋겠나만 물길 막아 보세우면 흐르던 물길도 막혀서

돈 없으면 안 되거든

유전무죄 왕구식

신식으론 유전유죄, 돈 있어야 징역살이도 편해

1일 노역 5억의 황제 징역살이는 돈 없인 안 되거든

요상해

채동욱 청와대 뒷조사가 요상하다
정보 요청한 청와대측은 제외하고 정보 제공자만 처벌?
둘 다 처벌해야 형평성에 안맞나? 요구도 없이 제공했겠나? 요상해

치졸

원격진료 6개월 시행 후 입법화하기로 합의해놓고
의료법 개정안 국무회의 통과, 이런 경울 두고 하는 말
비정상의 정상화 역행한 정상의 비정상화, 꼼수치곤 치졸

문명병 환자

병들어 죽는다는 것은 옛말, 지금은 숨통 죄어 죽어
2012년 사망자 8명 중 1명 대기오염에 숨졌다는데
무서운 대기오염으로 창궐한 우리는 문명병 환자

돈으로는 못 막아서

존경하는 재판관님, 위대하십니다
1일노역 5억의 황제도 만드시고, 국민을 바지저고리로도 만드시고
헌데 어쩌죠, 바지저고리 뭇매는 돈으로도 못 막아서

독도는 한국땅이무니다

일 아베, "반갑스무니다", 암 반갑겠지
발음은 개떡 같아도 하나 더 배우시지
'독도는 한국땅이무니다'

못 보는 모양인데

의사님들, 참 순진도 하시지, 정부 약속을 그대로 믿다니
환자들 제대로 파악해내는 명진단 청진기론
한 입의 두 혀는 못 보는 모양이데

어디 그리 흔턴가

안철수 신당 공동대표를 미생지신에 빗대이데
약속을 지키기 위해 몸을 던질 줄 아는 용기
거짓으로 얼룩진 정치판에 약속에 목숨거는 용기 어디 그리 흔턴가

※ 미생지신(尾生之信) : 옛날 미생이란 자가 다리 밑에서 애인과 만나기로 하고 기다리는데 때마침 밀려온 홍수에도 피하지 않다가 물에 빠져 죽었다는 고사를 빌어 융통성이 없이 약속만 굳게 지킴에 비유한 말.

영원히 사는 길이 아닐까

'잠시 죽더라도 영원히 사는 길', 어느 정치가의 말이다
삶에도 삶다운 삶이 있듯이 죽음에도 죽음다운 죽음이 있기 마련
죽음 속에서 삶을 건져올리는 삶이 영원히 사는 길이 아닐까

두 정상의 대면

'반갑스무니다'에 굳은 표정의 침묵으로 답한 한·일 두 정상

'독도는 한국 땅이무니다' 했으면 어땠을까?

어떠고 저떠고 간에 정상이 아닌 정상의 대면

한국대학

영국 옥스퍼드엔 형체가 없는 전령대학 있고
코리아엔 형체만 있고 영혼이 없는 전육대학 있지만
영혼이 없는데 어찌 괄구마광을 기대하겠는가

※ 괄구마광(刮垢磨光) : 사람의 흠을 없애고 선행의 빛을 내도록 한다는 뜻으로, 인재를 길러냄을 이름.

휴지된지 오래여서

교육이 먼저냐? 경제가 먼저냐?
훗날 잘살기 위해선 교육, 당장 먹고살기 위해선 경제
교육을 백년대계로 보았던 옛분들의 지혜, 휴지된지 오래여서

!!! ???이구나

통일! 불통? 불통?? 통일!! 통일!!! 불통???

불통? 불통?? 불통???, 통일! 통일!! 통일!!!

그렇구나, 통일이란게 ! !! !!!, ? ?? ???, 불통과도 맞물리는구나

피 흘리기 마련 아니던가

요즘 연일 검찰이 도마 위에 오른다
도마 위에 오르면 피를 보기 마련
거짓 도려내려면 피 흘리기 마련 아니던가

수직으로 운용되거든

학교 옆 호텔 신축, 부적절이 61%로 평가위원 평가
헌데 평가위 위에 관계부처 있고, 그 위에 푸른집 있어서
법 원칙 평등이나 부칙으론 수평 아닌, 수직으로 운용되기도 해서

새당 말 들을 텐데

앞으로의 정치 판도 헌당 대 새당 아닌 거짓 대 정직
국민들 헌당 거짓 신물나도록 겪었고 새당 정직은 어떨지
정직함은 가장 좋은 정책이란 말 알고 실천해야 새당 말 들을 텐데

공감만은 못해서

어느 나랏님은 정치를 감으로 한다 했고, 어느 나랏님은 통일의
영감을 얻었다던데, 감이란 게 감동·감응·감격·깨달음 등
원하면 찾아오는 것이긴 하지만 상대를 움직이는 공감만은 못해서

한마디

박대통령 드레스덴 구상 두고 북 호응 가능성과 불쾌감 반응 진단
기존 구상 재탕, 전 정권과 다를 바 없는 구상이라고 미흡도 지적
구상만 밝혔지 구상실현 정부방안 불투명 지적도 빼지 않고 한마디

개가 듣고도 웃지

지난해 박대통령 연봉 1억9천2백20만원으로 2억도 안돼
헌데 허재호 1일 노역이 5 원으로 대통령 연봉의 두배반
이러고도 법 형평성 운운하면 개가 듣고도 웃지

답답한 가슴

통일, 듣기만 해도 설레는 가슴
헌데 설렘과는 달리 한반도 통일은 상대적
북녘의 북한 붕괴인식 불식시킬 수 없는 구상의 답답한 가슴

코웃음 칠밖에

미 6자회담, 북핵문제 구실로 한·미·일 공조 통한 중국 견제용
해서 북핵문제 목소리만 높일 뿐 해결책은 뒷전
그 속셈 알고 있는 콧대 높인 북, 콧구멍 세워 코웃음 칠밖에

구밀복검과 같아서

북핵문제 G2 속셈, 한·일 속셈, 노·북녘 속셈 각기 달라
속셈 같았으면 진작에 회담 유종의 미 거뒀게
속셈이란 게 본디 구밀복검과 같아서

※ 구밀복검(口蜜腹劍) : 입에는 꿀을 담고, 뱃속에는 칼을 지녔다 함이니 겉으로는 친절한 척하나 마음속으론 음험한 생각을 가진다는 뜻.

익사 못 면하는 것을

피지배계층은 화합 · 소통에 목말라 하는데
지배계층은 불화 · 불통 물꼬 터뜨려
터진 물꼬에 스스로 갇히면 익사 못 면하는 것을

당할 자 있을까

황제노역 연루 광주지검장 사표 제출, 사표론 안 끝날 듯
다른 연루 죄다 캐내 잘못 관행 바로 잡을 듯
허긴, 칼보다 무서운 여론의 뭇매에 당할 자 있던가

수격밖엔 몰라서

손바닥 하나론 소리 안나, 박수소리 내려면 한 손 더 있어야
대통령 통일구상 박수소리 없는걸 보면 손 하나뿐인 듯
북녘에 손 하나 더 있긴 한데, 수격밖엔 몰라서

※ 수격(手格) : 주먹을 뭉쳐쥐고 내침.

뚜껑 덮는 달팽이

무공천 약속이행 야 촉구에 약속 당사자인 대통령 침묵
지혜의 최상 응답일까? 말할 때와 침묵할 때를 안 때문일까?
금설폐구 앞에 하고 벌린 입에 뚜껑 덮는 달팽이

※ 금설폐구(金舌蔽口) : 금으로 혀를 만들어 입을 가린다는 뜻으로 입을 꼭 다문 채 말을 하지 아니함을 이르는 순자(荀子)의 말.

따놓은 당상이었는데

채동욱 혼외 자식 정보조회 경찰 1계급씩 승진
논공행상이 이러한데 아깝다 국정원 위조사건
잘만 됐으면 승진 따놓은 당상이었는데

있었겠나

대통령 통일순방에 핵심부서인 통일원 관계자는 한명도 안 끼어
허긴 통일부 위에 통일준비위원회 있고, 위원장이 대통령이니
하위기관인 통일부 낄 자리가 있었겠나

아직 앓고 있어서

고용률 70%, 박근혜 정부의 과제 중 숙원사업
이를 위해 초단기 1~2시간 고용제까지 동원할 모양이던데
질보다 양을 중시하는 엽전의 가난한 배앓이 아직 앓고 있어서

이미 오래거늘

남녘 통일대박에 거꾸로 북녘은 박대
어디 대박 · 박대뿐인가, 서로 가는 길 달라
연홍지탄 원망으로 굳어 한 된지 이미 오래거늘

※ 연홍지탄(燕鴻之歎) : 제비는 봄에 와서 가을에 돌아가고 기러기는 가을에 와서 봄에 돌아가니 서로 상치되어 만나지 못함을 탄식하는 말.

탄환보다 강하다던데

야 기초공천 단독회담 요청에 청 '아무런 반응 않겠다'
허긴 미생지신 지키다 죽기보다는 안 지키고 사는 편이 우선
헌데 못지킨 약속 불신표 돼 등 돌리면 투표는 탄환보다 강하다던데

국회도 매한가진걸

연봉 5천여만원의 시의원들, 2년간 하는 일 조례 고작 1건뿐
해서 시민들 하는 말, "할 일도 없는 시의원 뭣땜새 뽑아"
어디 시의회만이던가, 돈만 챙기고 일 안하긴 국회도 매한가진걸

즐기며 사는 것을

다투어 핀 진달래 · 벚꽃 속도위반이라데
뭐 그리 좋은 거라고 꽃들이 따라하는지
어디 꽃뿐인가, 계절도 인간도 속도위반 즐기며 사는 것을

부앙무괴 정신은 살렸으면

일, 정치적 양심은 죽었으나 학자적 양심은 살아 있데
일 학자들 역사적 일제 만행 서명으로 양심선언
헌데 정치양심은 죽었으나 부앙무괴 정신은 살렸으면

※ 부앙무괴(俯仰無愧) : 하늘을 우러러보나 땅은 굽어보나 양심에 부끄러움이 없음.

불은 불로 망해서

북, 해상훈련 구실삼아 화력과시
방사포, 해안포 5백여 발 퍼부어 불바다 과시
거기다 핵까지 내밀며 불불불 자랑이던데 불은 불로 망해서

길마저 막혀서

1억이면 여론 10% 끌어올려 조작 가능하다는 언론보도
세상에 믿을게 하나도 없는 불신의 시대
여론마저 조작되면 광순박채의 길마저 막혀서

※ 광순박채(廣詢博採) : 널리 여러 사람의 의견을 물어서 중의(衆議)를 채택함.

될 수도 있어서

북 NLL에 포탄 퍼부어 드레스덴 구상에 응답한 거나 아닐지
허긴 구상이란 게 생각이나 계획을 펼쳐놓은 것이어서
제세장책이 될 수도 있고, 사사로운 이상이 될 수도 있어서

※ 제세장책(齊世長策) : 세상을 구제할 원대한 계획.

아니던가

국정원 간첩 위조사건 보안법으로도 형법으로도 가능해
오죽했으면 옛분들 이현령비현령이란 말 즐겨 썼겠나
형법 · 민법 · 보안법 등 귀에걸면 귀걸이 코에걸면 코걸이 아니던가

70%

정부 일자리 창출 고용률 70% 달성 위해
초단기 근로제 검토 두고 '저질 일자리' 양산이라고 비아냥
허긴 질보다 양에 더 잘 길들여진 50%만도 못한 70%

속마음 달리하고

네덜란드 한·미·일 정상회담 두고 억지춘향식이라고 비꼬데
그림은 좋았는데 춘향의 표정도 이도령의 말솜씨도 엇박자
거기다 방자는 향단이 생각으로 속마음 달리하고

정답이거든

유전무죄, 무전유죄는 이미 상식이하
지금은 유권무죄 무권유죄 시대니 유·무죄 정답은?
유전·유권 무죄, 무전·무권 유죄가 정답이거든

진지나 안 될지?

점점 높아지는 강도에 잦아지는 빈도의 서해안 지진
대형지진의 전조인지 흉조 예고인지 가까이 다가오는 지진
이러다 받아논 밥상의 지진 아닌 진지나 안 될지?

철이 없어서

벚꽃 철없이 만발하고, 만발한 벚꽃 그늘에서
철없는 계집애들 깔깔대며 철없이 헤픈 웃음
필시 허파에 바람 들어갔음인데 나 또한 철이 없어서

침묵정치

감싸기에 버티기에 발뺌에 침묵에

뭘 두고 하시는 말씀이냐고? 국정원 · 청와대 태도

유리하면 먼저 달려가고 불리하면 발뺌하며 침묵하는 침묵정치

비판도 높아서

상고사 통해 고대의 영광 확인, 그럴 수만 있다면 아니 좋겠나
헌데 근대사도 제대로 확립 못한 판국에 상고사라니
민족주의 정서, 정치에 활용하려는 의도라고 비판도 높아서

아닌지

약속은 대통령이 해놓고 약속불이행 사과 여당 대표가
외교도 불리하면 외교부 뒤에 숨는다고 청와대 혹평하던데
야당 요구에 무대응도 여당 뒤에 숨는 것이나 아닌지

접으셔

한반도 정세 주기적 악화, 한미 군사훈련이 원인이라고
글쎄, 그건 러시아 시각이고 우린 그게 생존의 수단인 걸
남의 일 가타부타 말고 우크라이나 야욕이나 접으셔

듣게 되겠네

문화재 지킴이 대표가 문화재 도굴해 팔아먹는 도굴꾼
보호와 도굴 방지에 앞장서야할 지킴이가 도굴꾼이라니
두더지를 조상으로 두었단 말 여직 못 들어봤는데 듣게 되겠네

평등 외치는 법

법은 상식의 상위개념이다, 허나 상식이하로 집행되는 법
상식이 통하면 법이 필요 없으니 법의 상위개념이 되는 상식
약자에겐 법대로, 강자에게 초법적으로, 그래도 평등 외치는 법

이상 이상이 못돼서

남북통일이란 게 워낙에 불신의 뿌리가 깊은데다가
이념도, 목적도, 방법도 각기 다른 뿌리로 박힌지 이미 오래
허니, 아무리 좋은 제세장책이라도 일방적 이상 이상이 못돼서

※ 제세장책(齊世長策) : 세상을 구제할 원대한 계획.

이루어지는 법이어서

평양 국제철도기구회의에 한국도 참여, 녹슨 철마 달리게 해야
누가 알아 드레스덴 구상에도 길이 열릴지, 길이란 게
아무리 험한 고재라도 열리면 왕래가 이루어지는 법이어서

※ 고재(高哉) : 높고 험란한 산길이란 뜻의 이백(李白)의 말.

낫지

최경환 여당 원내대표 야당 겨냥해 일갈하며
공짜 버스·공짜 방과 후 학교·공짜 고속도로 등 공짜에 일침
공에 침 박으면 터지지만 대침에도 안 터지는 여 空約보다야 낫지

뒤바뀐 모양이다

스포츠 강국 코리아가 성추문 · 폭력행사 · 폭언 등으로 말이 아니다
그뿐인가, 승부조작 · 금품거래 · 부정입학 등도 그러하다
스포츠가 추문일색의 추포스로 뒤바뀐 모양이다

어이하리

꽃이 떨어지면 법정이 한가해지고 풀이 나면 감옥이 조용하다
옛분들 말씀이니 믿어는 본다마는, 비도 눈물도 아닌 것이 적시는
가슴이 법정이 되고 감옥이 되는 이 시절 낙화를 어이하리

북 무인 항공기

파랑새처럼 공중 방어망 그물 뚫고 날아와
유인기로는 불가한 무인기만이 가능한 찰칵찰칵, 그중 작은 것이
그중 큰 것을 찰칵찰칵 훔쳐간 날자날자 북 무인 항공기

사불급설이란 말 떠올라서

요즘 휴업하셨나요, 통 글을 안 쓰시는 것 같던데요, 너나 잘해
요즘 정치, 말이 아니던데요, 너나 잘해
'너나 잘해', 사불급설이란 논어에 나오는 말이 떠올리게 해서

※ 사불급설(駟不及舌) : 네 마리의 말이 이끄는 질주하는 마차라도 혀의 빠름에 미치지 못하다는 말이니, 말은 한번하면 그만큼 빨리 퍼지고 취소 또한 할 수 없는 것이니 항상 말을 조심해야 한다는 뜻.

에이 재판장님

당신은 주민등록지 위장전입의 불법을 저질렀으므로
벌금 1천만 원의 실형을 선고한다, 에이 재판장님
안전행정부장관은 두 번씩이나 위장전입하고도 장관됐는데요

솔구이발 해서야

여당 원내대표, 국민과의 약속불이행 사과해놓고
약속이행 촉구하는 야당대표에게 "너나 잘해"
지체 높으신 분이 그리 솔구이발 해서야

※ 솔구이발(率口而發) : 입에서 나오는 대로 함부로 말을 함을 이르는 말.

미리 준비해야 할듯

청, 파견 행정관 비위 쉬쉬로 덮어버렸다고 일침이던데 그러다
파리알 쉬슬어 똥파리되면 어쩌, 구린내야 맡으면 그만이지만
피 빨면 어쩌, 아무래도 F킬러 미리 준비해야 할듯

일치해

일 무기 수출금지 폐기에 미 국익에 큰 도움이라고 환영
미완 달리 한·중은 우려와 고도 주시로 시각 달리해
어쨌건 일본, 훈수꾼 미 등에 업고 있다는 사실엔 시각 일치해

잘했다는 아닐듯

장관 후보자 국회청문보고서 채택 불발이면 부적격자라는 뜻
더구나 위장전입 사실 알고도 인사검증 통과시켰다면 청잘못
그보다, 부적격, 잘못 무릅쓰고 임명했다면 잘했다는 아닐듯

수무촌철만은 아닐듯

북 무인 비행기 모조품이니 초보단계의 것이라고 평가절하
헌데도 서울영공 방공망, 빗발치는 연평 해안포 뚫고 비행
거기다 사진전송장치도 갖췄다니 수무촌철만은 아닐듯

※ 수무촌철(手無寸鐵) : 손에 아무런 무기도 가지지 않음을 이르는 말.

품격이 아름다우면 그런가

여당 원내대표의 막말 “너나 잘해”에 대응하는 당사자왈
“말은 그 사람의 품격인데 유감스럽다”
대응치곤 너무 아름답다, 품격이 아름다우면 그런가

명언은 명언이지

국정원 간첩증거조작 세상이 다 아는 범죄행위인데
전 국정원장의 눈에는 '강한 애국심'으로 보였던가보다
개눈엔 뭣만 보인다는 우리 속담 명언은 명언이지

상극이지

통일한국 청사진 드레스덴 구상에 북 포탄 퍼부어
드레스와 덴을 따로 떼어 풀이해보면 답 나와
드레스는 여성, 덴은 남성의 이미지거든, 허니 상극이지

일침

북 무인기 두고 정치가는 "아찔하다" 하고
전문가는 "군사 전술적으로 무가치", "초보적인 것"으로 평가절하
이를 두고 세인들 안보불안 조성, 정치에 이용하려 한다고 일침

요술 · 사기술

북 무인기 두고 여는 안보론, 야는 무능론으로 선거이슈화
선거를 민중에게 아첨하는 요술사, 사기사의 일이라던데
맞는 말이라면 안보론도 무능론도 표를 의식한 요술 · 사기술

부정한 돈이었을 거라는 거

벌어서 이자도 못갚는 회사, 임원 연봉은 평균 17억원이라고
이자도 못갚는 처지에 17억은 땅에서 솟았나? 하늘에서 떨어졌나?
그건 몰라도 하나 아는건 필시 부정한 돈이었을 거라는 거

부재가 소의거니

한국선거정치, 북이 변수로 작용하다니, 이는
주변의 미 · 일 · 중의 변수와도 무관치 않다는 뜻, 뜻과는 달리
어떤 변수에도 끄떡 않는 부동의 정치철학 부재가 소의거니

신선(新選)으로 이어질라

안철수 새정치대표 청와대 찾아가 대통령 면담신청

발상 신선하고 용기 신선하고 행동 신선하고

그러다 新鮮, 다음엔 新選으로 이어질라

똥값한 셈이다

출입구가 낮은 화장실 드나들 때도 높은자리 찾을 때도
90도로 허리를 굽히기, 꺾기 잘해야 사는 세상
출입구 낮은 화장실 있어 꺾기 공짜로 길들이니 똥값한 셈이다

홍제천에서

홍제천 따라 걷는 벚꽃길, 냇물 잔잔히 굽어 흐른다
흐르는 냇물 따라 걸으면서 낮은곳 골라딛는 물의 행보를 배운다
일의대수 동행하지 않고 어찌 대해에 이르랴

※ 일의대수(一衣帶水) : 한줄기의 좁은 냇물.

전매특허품이었거든

동해병기 백악관 압력설, 사실이라면 문제 심각
허긴 심각할 것도 없지, 미 잣대 눈금이 언제나 둘이었거든
일본척도, 한국척도 눈금, 늘였다 줄였다 전매특허품이었거든

훈도시적 버릇

일 국교 교과서에 독도를 일본땅이라고 명기
역사왜곡으론 부족했는지 역사 도둑질까지
문제는 어린 세대까지 도둑질 가르치는 훈도시적 버릇

진행형이어서

남북, 자랑하듯 다투듯 미사일 발사 경쟁
경쟁 잦다보면 경쟁 아닌 전쟁될 수도
문제는 언제 끝날지 모르는 둘 다 진행형이어서

다행이네

여 원내대표 실언 '너나 잘해'

국민과 안 대표에게 사과

다행이네, 배 안내밀고 사과 내밀어서

갈등 아닌 화합인 것을

착각은 자유라 했던가, 정치인들 스스로를 스타로 아는 모양
드라마 극적효과 제대로 알고 있는 정치 9단 달인들이거든
헌데 어쩐다, 정치는 드라마틱한 갈등이 아닌 화합인 것을

•

박진환 시인은 전남 해남 출신으로 동국대 국문학과를 거쳐 중앙대 대학원을 졸업(문학박사)했다. 1960년 동아일보 신춘문예(詩) · 1963년 自由文學(문학평론)으로 문단에 데뷔했고, 국제PEN한국본부 사무국장 및 이사, 한국문협 고문을 역임했다. 제9회 시문학상, 제3회 비평문학상, 펜문학상, 윤동주문학상 등을 수상했고, 한서대학교 교수 및 예술대학원장을 역임했으며 현재 월간『조선문학』발행인 겸 주간으로 있다. 중요 저서로는 시집에『귀로』,『사랑법』,『꽃시집』,『三行詩抄』Ⅰ~Ⅺ『諷詩調』,『박진환시전집』Ⅰ·Ⅱ·Ⅲ·Ⅳ·Ⅴ·Ⅵ·Ⅶ,『物神時代』Ⅰ·Ⅱ·Ⅲ·Ⅳ·Ⅴ,『동굴일지』Ⅰ·Ⅱ·Ⅲ·Ⅳ·Ⅴ,『2012년 8월』에서『2013년 7월』까지,『풍계집·1』에서『풍계집·25』까지 76권의 시집이 있고 평론집으로『한국현대시인론』,『현대시론』,『21C시학과 시법』등 다수와『한국시의 공간구조 연구』,『21C 시학』,『시창작론』,『諷詩調詩學』외 다수의 역저가 있다.

•

조선문학시인선 382

諷詩調詩集 · 46

풍諷계戒집集 · 13

2014년 8월 20일 인쇄
2014년 8월 30일 발행

지은이 / 박진환
발행인 / 박진환
펴낸곳 / 조선문학사
등록번호 / 1-2733
주소 / 120-853 서울 서대문구 통일로 389(홍제동)
전화 / 02-730-2255
팩스 / 02-723-9373

ISBN 978-89-98115-72-2

정가 10,000원